¡Es Día de Acción de Gracias!

por Tessa Kenan

EDICIONES LERNER ◆ MINEÁPOLIS

Muchas gracias a José Becerra-Cárdenas, maestro de segundo grado en Little Canada Elementary, por revisar este libro.

Nota a los educadores:

A través de este libro encontrarán preguntas para el pensamiento crítico. Estas preguntas pueden utilizarse para hacer que los lectores jóvenes piensen críticamente del tema con la ayuda del texto y las imágenes.

La traducción al español fue realizada por Giessi Lopez.

ediciones Lerner
Una división de Lerner Publishing Group, Inc.
241 First Avenue North
Mineápolis, MN 55401, EE. UU.

Si desea averiguar acerca de niveles de lectura y para obtener más información, favor consultar este título en www.lernerbooks.com

Library of Congress Cataloging-in-Publication Data

Names: Kenan, Tessa, author.
Title: ¡Es Día de Acción de Gracias! / por Tessa Kenan.
Other titles: It's Thanksgiving! Spanish
Description: Minneapolis : Ediciones Lerner, 2018. | Series: Bumba books en español. ¡Es una fiesta! | Includes bibliographical references and index. | Audience: Age 4–7. | Audience: K to grade 3.
Identifiers: LCCN 2017053131 (print) | LCCN 2017056163 (ebook) | ISBN 9781541507951 (eb pdf) | ISBN 9781541503533 (lb : alk. paper) | ISBN 9781541526679 (pb : alk. paper)
Subjects: LCSH: Thanksgiving Day—Juvenile literature.
Classification: LCC GT4975 (ebook) | LCC GT4975 .K4518 2018 (print) | DDC 394.2649—dc23

LC record available at https://lccn.loc.gov/2017053131

Fabricado en los Estados Unidos de América
1-43848-33681-1/10/2018

Expand learning beyond the printed book. Download free, complementary educational resources for this book from our website, www.lernerresource.com.

Tabla de contenido

Día de Acción de Gracias

Es el Día de Acción

de Gracias.

La gente celebra

esta festividad en

los Estados Unidos.

El Día de Acción de Gracias

es en otoño.

La cosecha es en el otoño.

La comida se recoge en

las granjas.

El Día de Acción de Gracias es una época para dar gracias. Las personas dan gracias por la cosecha.

¿Qué más pueden agradecer las personas?

Las familias se reúnen
para comer una
gran comida.

Ellos dan gracias por
su comida.

Ellos disfrutan el tiempo
con su familia.

Las familias comen diferentes comidas.

Muchas familias comen pavo.

¿Qué otras comidas pueden las familias comer en el Día de Acción de Gracias?

El pay de calabaza es el postre.

La gente le pone crema batida encima.

Es una tradición.

Después de la comida, algunas personas ayudan como voluntarios. Comparten y sirven comida a otros.

¿Por qué algunas personas ayudan como voluntarios el Día de Acción de Gracias?

Algunas familias juegan fútbol americano.

Algunas familias ven fútbol americano en la televisión.

Algunas personas ven el desfile.

¿Cómo celebras el Día de
Acción de Gracias?

El mes de noviembre

NOVIEMBRE

SUNDAY	MONDAY	TUESDAY	WEDNESDAY	THURSDAY	FRIDAY	SATURDAY
		1	2	3	4	
7	8	9	10	11		
14	15	16	17	18		
21	22	23	24	25		
28	29	30				

El Día de Acción de Gracias es una vez al año.
Es el cuarto jueves de noviembre.

Glosario de imágenes

celebrar

hacer algo especial en un día importante

cosecha

el momento cuando la comida se recoge de las granjas

desfile

un evento que sucede en las calles para celebrar un día especial

voluntario

ayudar a otros sin recibir un pago

Índice

Leer más

Erlbach, Arlene. *Thanksgiving Day Crafts*. Berkeley Heights, NJ: Enslow Publishing, 2015.

Lawrence, Elizabeth. *Celebrate Thanksgiving*. New York: Cavendish Square Publishing, 2016.

Pettiford, Rebecca. *Thanksgiving*. Minneapolis: Jump!, 2016.

Agradecimientos de imágenes

Las imágenes en este libro son utilizadas con el permiso de: © Monkey Business Images/Shutterstock.com, páginas 4–5, 20–21, 23 (arriba a la izquierda); © Daxiao Productions/Shutterstock.com, páginas 6, 23 (arriba a la derecha); © Maridav/iStock.com, página 9; © Monkey Business Images/Shutterstock.com, página 10; © Bochkarev Photography/Shutterstock.com, página 12; © Brent Hofacker/Shutterstock.com, página 15; © Steve Debenport/iStock.com, páginas 16–17, 23 (abajo a la derecha); © lev radin/Shutterstock.com, páginas 19, 23 (abajo a la izquierda); © AntartStock/Shutterstock.com, página 22. Portada: © Mike Flippo/Shutterstock.com.